LES MÉTÉORES.

CHANSONS

SUR DES

MOTS DONNÉS.

Paris,

IMPRIMERIE DE APPERT Fils & VAVASSEUR,

Passage du Caire, 54.

1849.

Nota. Ce Recueil est publié pour conserver le souvenir d'un banquet des Membres du CAVEAU, qui a eu lieu à Passy, le 1er juillet 1849.

Toutes les chansons faites à cette occasion composent ce petit volume.

LES MÉTÉORES

MOTS DONNÉS.

L'AURORE.

AIR : *Suzon sortant de son village.*

Il faut bien que je le confesse,
D'ailleurs ce n'est pas un délit,
Je suis d'une grande paresse,
J'aime à rester longtemps au lit;
J'ai d'habitude
La certitude
Quand j'ouvre un œil, de sommeil allourdi,
(Sans que ma montre
Me le démontre)
Non qu'il est tard, mais qu'il est bien midi!
Aussi n'ayant jamais encore
De la voir eu l'occasion,
C'est sur sa réputation
Que je chante l'Aurore. *ter.*

Elle a, dit-on, des doigts de rose,
Un teint de lys, des yeux d'azur,
Des cheveux d'ébène... autre chose
Blanc comme l'albâtre, et plus dur ;
Sa gorge ferme
Loin qu'elle enferme
Dans un corset ses deux globes polis,
Non contenue,
Se montre nue ,
Lisse, arrondie et sans faire de plis!
Ce n'est pas une métaphore,
Et sous ce rapport là combien
De filles d'Ève voudraient bien
Ressembler à l'Aurore !

Au lieu de vivre en fille sage,
L'Aurore a, pour son agrément,
Contracté plus d'un mariage
Au treizième arrondissement.
Elle a sans gêne,
Au pied d'un chêne,
Avec Tithon prit ses premiers ébats ;
Puis à Céphale
De Bucéphale
Elle a servi pour d'amoureux combats!

La liste serait longue à clore
Si je voulais nommer tous ceux
Qui, sans être très vertueux,
Ont vu... coucher l'Aurore.

C'est aussi le nom d'une femme
Dont je fus jadis amoureux,
Et qui d'une brûlante flamme
A toujours couronné mes feux :
Vive, piquante,
Et provoquante,
Elle plaisait malgré son nez camard ;
Mais, sans médire,
Je puis le dire,
Elle aimaît trop la danse... et le homard.
Grâce à ces goûts, que je déplore,
Quand sans le sou je me voyais,
Avec ma montre j'envoyais
Près de *ma tante*.... Aurore.

La charmante Isaure à sa mère
Faisait l'aveu, le lendemain,
Qu'elle avait trouvé trop sommaire
Le résultat de son hymen.
Elle s'étonne,
La questionne,

Sait que l'époux est allé jusqu'à..... huit !
Est satisfaite,
Et lui souhaite
Pour l'avenir un tel menu par nuit.
Tant pis! car j'avais, dit Isaure,
Pensé que cela se mettait
En se couchant et ne s'ôtait
Qu'du lever de l'Aurore.

Au matin l'existence est belle,
Tout est plaisir, ivresse, amour,
Tout rayonne, brille, étincelle,
Comme à l'aurore d'un beau jour;
L'âme est ravie;
Mais de la vie
L'étroit sentier n'est vert qu'en le montant;
Triste présage,
Bientôt l'orage
Courbe nos fronts qu'il frappe en éclatant.
Tout se ternit, se décolore,
Un jour blafard, un ciel brumeux
Remplacent l'éclat et les feux
Dont scintillait l'Aurore.

Quand à ce repas je ne trouve
Qu'aimable convive et bon vin,

Que personne de nous n'éprouve
L'ennui d'en demander en vain ;
Que, gais trouvères,
Au choc des verres,
Nous répétons plus d'un joyeux refrain ;
Qu'à nos saillies,
A nos folies,
Rien ne nous force à venir mettre un frein,
Ensemble demeurons encore
Le plus longtemps que nous pourrons ;
Mes amis, ne nous séparons
Qu'au lever de l'Aurore.

Louis PROTAT,
membre titulaire.

LA LUMIÈRE.

POT-POURRI.

Air : *Aussitôt que la lumière.*

Aussitôt que la *lumière*
Sortit, le soir, d'un chapeau (1),
Je commençai ma carrière
Par essayer mon pipeau ;
La nuit je rimais encore,
Comme un vaillant troubadour;
Et longtemps avant l'aurore
Ma lumière a vu le jour.

Air : *Quand la Mer rouge apparut.*

Muse, allons, point de sursis,
Et coûte que coûte,
Sans avoir de but précis,
Mettons-nous en route ;
Invoquons saint Richelet,
Patron de plus d'un couplet ;

(1) Les mots donnés se tirent au hasard dans un chapeau.

Le dieu des rimeurs
M'offrant ses primeurs,
Vif et prompt
Sur mon front
Enverra, j'espère,
Un trait de *lumière.*

AIR : *Jeunes filles, jeunes garçons.*

Pour composer cette chanson,
Que n'avais-je au moins la ressource,
Puisant *la lumière* à sa source,
De me poser en franc-maçon.
Mais sur cette matière,
Pour moi rien n'est prévu,
Et, pris au dépourvu,
Mes yeux n'ont jamais vu
La lumiere.

AIR : *Trouverez-vous un parlement.*

Ne me parlez pas du *progrès*
Quand je vois la misère accrue,
Quand souffrent tous les intérêts,
Et quand on se bat dans la rue ;
Ah ! lorsque nous posséderons
Du *progrès* les saines *lumières*,

D'un commun accord nous pourrons
Des fusils boucher les *lumières*.

AIR *du vaudeville de la Partie carrée.*

Progrès ! grand mot dont notre siècle abuse,
C'est en ton nom qu'on trouble la cité ;
C'est en ton nom que l'orgueil et la ruse
Traînent le peuple à la mendicité.
Nous côtoyons de profondes ornières ;
Craignons, hélas ! d'y tomber avant peu ;
Car je soutiens qu'à force de *lumières*,
On n'y voit que *du feu*.

AIR *de la Croisée.*

Aux dames j'ai peu fait la cour ;
Pourtant je n'en suis pas plus sage,
Et je ne comprends pas l'amour
Sans un grain de libertinage.
Lorsque femme aux gentils appas,
La nuit, accueille ma prière,
Ma foi ! je ne me presse pas
D'éteindre *la lumière.*

AIR : *Jeunes filles, jeunes garçons.*

De ma fenêtre je puis voir
Une fillette jeune et belle,

Qui, sans éloigner la chandelle,
Change de chemise le soir.
Par devant, par derrière,
Que son corps est bien fait !
L'ensemble en est parfait ;
C'est un superbe effet
De *lumière.*

AIR *du Verre.*

Une dévote m'opposait
Une infinité de scrupules ;
A peine si ma bouche osait
L'inviter aux doux préambules.
Mais, sans m'égarer en chemin,
J'ai su la rendre un peu moins fière ;
Bientôt, grâce à sa propre main,
La mèche atteignit *la lumiere.*

AIR : *Un homme pour faire un tableau.*

Que de gens avec deux bons yeux
Font ici-bas mauvaise route ;
L'aveugle se conduit bien mieux,
Il tâte, il attend, il écoute.
Il évite plus d'un écueil,
Sur notre vaste taupinière :

La prudence.... voilà son œil,
Et c'est la plus sûre *lumière.*

AIR : *Jeunes filles, jeunes garçons.*

Nous avons beau rire et chanter,
Un jour viendra... bientôt peut-être,
Où la mort doit nous apparaître,
Mais non pas nous épouvanter.
Quand, sur notre paupière,
Un voile s'etendra,
Notre voix s'éteindra,
Puis le temps soufflera
La lumière.

AIR : *Ça n' se peut pas.*

A notre joyeuse bannière
Au lieu d'attacher quelques fleurs,
Je vous parle de *la lumière*
Comme un aveugle des couleurs.
J'aurais dû fournir la carrière
Comme un digne enfant du Caveau ;
Mais, hélas ! j'ai mis *la lumière*
Sous le boisseau.

Paul VAN CLEEMPUTTE,
membre titulaire.

LE NUAGE.

Air : *De la petite Bergère.*

Produit des ardeurs de la terre,
Toi, qu'en vain on voudrait saisir,
Il me faut donc, vapeur légère,
Te consacrer un souvenir.
La vie humaine est ton image,
Un sillon bientôt effacé;
Ce n'est rien qu'un simple nuage,
Au moindre souffle dispersé.

Vous qui dans le fracas des armes
Croyez rencontrer le bonheur,
Songez aux chagrins, aux alarmes,
Qui sont le prix de la grandeur.
La gloire n'est qu'un vain mirage :
Loin de valoir le sang versé,
Ce n'est rien, qu'un léger nuage
Au moindre souffle dispersé.

Vous, que par fois Plutus seconde,
Spéculateurs aventureux,
N'avez-vous pas fait dans ce monde
Bien plus de dupes que d'heureux !
Ces trésors, que l'agiotage
Présente au sot intéressé,
Ce n'est rien, qu'un léger nuage
Au moindre souffle dispersé.

Avec ardeur j'aimais Lisette,
Je me croyais sûr de son cœur ;
Bientôt j'apprends qne la coquette,
D'un autre amant fait le bonheur.
De son amour j'avais un gage,
Mais ce serment qu'elle a tracé !...
Ce n'est rien, qu'un léger nuage
Au moindre souffle dispersé.

Vous que charme une douce ivresse,
Epoux favorisés du ciel,
Sachez jusque dans la vieillesse
Prolonger la lune de miel.
Qu'on dise, si dans le ménage
Un peu de discorde a passé :
Ce n'est rien, qu'un léger nuage
Au moindre souffle dispersé.

Ce qui fait aimer le Champagne,
C'est qu'avec ses flots pétillants
Si par fois l'ivresse nous gagne,
Au moins ce n'est pas pour longtemps.
Par l'excès de ce doux breuvage,
Si notre esprit semble éclipsé,
Ce n'est rien, qu'un léger nuage
Au moindre souffle dispersé.

Le sujet que le sort me donne
Obtiendra peut-être un bravo ;
Car l'âme est indulgente et bonne
Chez tous les membres du Caveau.
Puis, vous direz de mon ouvrage,
S'il vous semble à peine esquissé,
Ce n'est rien, qu'un léger nuage
Au moindre souffle dispersé.

A. BUGNOT,
Membre titulaire.

LE BROUILLARD.

Air : *de l'Aveugle de Bagnolet.*

Mes enfants, j'ai le privilège
De compter près de cent hivers :
J'ai vu brouillard, vent, pluie et neige
Se disputer cet univers ;
Mais de tous ces hôtes divers,
Le pire est une brume épaisse...
Il en est de plus d'une espèce...
Enfants, les conseils d'un vieillard,
Sont de l'histoire,
Il faut y croire ;
Enfants, écoutez un vieillard:
Avant tout, craignez le brouillard !

Pour braver froid, chaleur ou pluie,
Que faut-il ?... un bon vêtement,
Un parasol, un parapluie...
Or le brouillard, non-seulement,
Nous traverse, mais bien souvent,
Vous égarant dans votre course,

Aux larrons livre votre bourse...
Enfants, les conseils, etc.

Hortense, le soir de sa noce,
Voulut aller prendre le frais ;
Un petit cousin, très précoce,
La conduisit dans les bosquets,
Mais survint un brouillard épais...
Et la douce fleur d'hyménée,
Avant l'heure, hélas ! fut fanée...
Enfants, les conseils, etc.

Tel auteur ne dut sa disgrâce,
Qu'au brouillard qui, certain matin,
Régnait au sommet du Parnasse,
Qu'il escaladait, plume en main ;
Homme et plume prirent un bain !
De notre auteur, dès-lors les pages
Pour séjour, prirent les nuages...
Enfants, les conseils, etc.

L'auréole de la puissance
N'est sonvent qu'un brouillard affreux,
Qui, de cécité... de démence...
Frappe ces rois présomptueux

Sourds à des accents généreux ;
Cette vapeur qui trompe... abuse...
D'un Phénix peut faire une buse...
Enfants, les conseils, etc.

Fuyez le brouillard de l'ivresse,
Un homme, que j'aimais beaucoup,
Chaque jour, sans bruit, par faiblesse,
Au cellier tirait plus d'un coup,
Sa femme l'imitait en tout ;
La maison va de mal en pire,
Quand, de son côté, chacun tire...
Enfants, les conseils, etc.

Du pouvoir, quand il fut au faîte,
De mon temps un tribun fameux,
Enorgueilli, perdit la tête ;
Certain brouillard voilant ses yeux,
Ce héros défia les dieux !
Mais quand les périls apparurent,
L'homme et le héros disparurent...
Enfants, les conseils, etc.

Un mien ami, dans la détresse,
M'emprunte, et pour ma sûreté,

En partant, malgré moi, me laisse
L'acte d'une propriété,
Qu'il possédait... de quel côté !...
C'était, le ciel le lui pardonne !
Sur les brouillards de la Garonne !
  Enfants, les conseils, etc.

Dieu n'a point besoin de ministres,
Pour tenir ses comptes à jour;
Sur son brouillard, sur ses registres,
Il inscrit, sans aucun retour,
Nos faits et gestes tour à tour ;
De son brouillard terrible il livre
Vices et vertus au grand livre...
Enfants, les conseils d'un vieillard,
    Sont de l'histoire,
    Il faut y croire;
Enfants, écoutez un vieillard,
Avant tout, craignez le brouillard !

A. SALIN,
Membre titulaire.

LA PLUIE.

Air *du vaudeville des Deux-Edmond.*

Au diable ! la chance ennemie
Qui pour lot m'impose *la pluie* ;
Des mots pourvus de moins d'appas,
Il n'en pleut pas.
Par bonheur pour les gais trouvères,
Vous l'avez prouvé, chers confrères,
De meilleurs sujets de chanson,
Il en pleut à foison.

Depuis qu'un rouge aréopage
A prôné le droit à l'ouvrage,
L'ouvrier dit, croisant les bras :
Il n'en pleut pas.
Chacun a, grâce à ces merveilles,
Le droit de bayer aux corneilles ;
Car du chômage et du guignon,
Il en pleut à foison.

Dans notre chère République,
Du bon sens et de la logique,

De calmes et dignes débats,
Il n'en pleut pas.
De l'idée et de la misère,
Du tribun poussant à la guerre,
Puis après montrant le talon,
Il en pleut à foison.

Maint *démoc*, la face ébahie,
Croit voir l'allouette rôtie
Prête à tomber du ciel; hélas !
Il n'en pleut pas.
Mais des matous en gibelotte,
Du veau froid archi-patriote,
Des *canards* et du cornichon,
Il en pleut à foison.

Des jus dignes de nos snffrages,
Des consommés, de bons potages
Aux yeux dorés, larges et gras,
Il n'en pleut pas.
Du bouillon à la hollandaise,
Qu'un Mignot rallonge à son aisc
Avec l'élément du goujon,
Il en pleut à foison.

Des femmes sages et fidèles,
Des filles prudes et cruelles,

Dieu merci ! dans nos doux climats,
Il n'en pleut pas.
Des tendrons à mine friponne,
Qui nous lutinent, qu'on chiffonne,
Grâce au ciel ! en toute saison,
Il en pleut à foison.

Dans son amour, la Providence
Veut que le vin abonde en France ;
Et nous disons, peuple d'ingrats !
Il n'en pleut pas.
Erreur ; car, par faveur insigne,
Puisque l'eau féconde la vigne,
Du vin, qu'enfante le bourgeon,
Il en pleut à foison.

Amis, dans ce banquet champêtre,
Le bon vieux temps semble renaître ;
De ces francs et joyeux repas,
Il n'en pleut pas.
Dès que l'Aï nous émoustille,
Des refrains, où l'esprit pétille,
Sont répétés à l'unisson :
Il en pleut à foison.

LESUEUR,
membre honoraire.

LA NEIGE.

Air : *A l'âge heureux de quatorze ans ;*
ou : *Aimons, buvons, rions, chantons.*

Sur *la neige* on vit Désaugiers
Montrer sa verve méritoire ;
Ce plus chaud de nos chansonniers
Ne glaça point son auditoire,
Avec son sujet aujourd'hui,
Frileux rimeur, ici, que n'ai-je
L'art de vous prouver, comme lui,
Qu'on trouve des fleurs sous la neige !

Esope, ce bon phrygien,
Sur la langue est très explicite :
Si, dit-il, elle fait le bien,
Très-souvent au mal elle incite.
Tel avocat nous le fait voir
Par sa faconde sacrilège :
Il sait de l'homme le plus noir
Faire un homme blanc comme neige.

Suivant un chroniqueur gaillard,
Une fille d'un roi des Gaules

Transportait chez elle Eginard
Sur ses gracieuses épaules.
Imma déroutait les argus,
Par cet ingénieux manège,
Et trouvait un plaisir de plus
Quand sous ses pieds craquait la neige.

Les peuples les moins fortunés
S'attachent à leur pauvre terre;
Ils disent : pour les cœurs bien nés,
Que la patrie est toujours chère.
Voyez, sous son ciel rigoureux,
Ce lapon que le froid assiège :
Privé de tout, il est heureux
Sous son toit de glace et de neige.

Jeunes, que nous avons d'élan !
En amour tout nous est possible !
Le cœur est un petit volcan
Jetant sa flamme irrésistible.
Mais quand Saturne nous atteint,
Nous perdons ce beau privilège :
Notre volcan fume et s'éteint
Quand nos fronts se couvrent de neige.

L'âge ne nous rend pas meilleurs,
En champ-clos se change la rue;

Pour des mots et pour des couleurs,
On se combat et l'on se tue.
Rien ainsi ne nous agitait
Aux murs paisibles du collège ;
Nous nous battions, mais ce n'était
Qu'avec des pelottes de neige.

Si l'amour soulève au printems
Gaze et fichu sur la verdure,
Il sait quand viennent les autans,
S'amuser malgré la froidure ;
Dans un boudoir, ce dieu grivois,
Sous la fourrure de Norwège,
Peut, sans avoir l'onglée aux doigts,
Surprendre deux boules de neige.

Juillet commence, et nous voyons
Le soleil percer les nuages :
Il jette ses plus chauds rayons
Sur nos verdoyants paysages.
Malgré ce spectacle enchanté,
Ici, sans aucun sortilège,
Grâce à mes vers, en plein été,
Je crains de voir tomber la neige.

Justin CABASSOL,
membre titulaire.

LA GRÊLE.

Air : *Mon père était pot.*

Quand ici sur un mot donné
Chacun dit son antienne,
Pour prendre ma part du dîné
Je dois chanter la mienne.
A ce rendez-vous
Mon cœur est jaloux
De se montrer fidèle;
Car dans vos banquets,
Bons mots et couplets
Tombent comme la grêle.

Que s'il pleuvait d'or et d'argent
Une manne abondante,
On verrait à chaque indigent
Vingt mille francs de rente.
Quel sort ravissant,
Si chaque passant

Prenait l'or à la pelle !
Faites donc, grand Dieu,
Que l'argent, sous peu,
Tombe comme la grêle.

Voyez cet auteur orgueilleux
Qui se lance au théâtre :
De son drame si merveilleux
Lui seul est idolâtre.
Mais il est trop prompt,
A ceindre son front
D'une palme immortelle :
Sur lui les sifflets
Et les quolibets,
Tombent comme la grêle.

Lorsqu'un mari, plus clairvoyant
Qu'on ne l'est d'ordinaire,
Surprend sa femme frétillant
Au bal de la Chaumière.
Elle a beau pleurer :
Il la fait rentrer,
Et dès qu'elle est chez elle,
Sur son dos, dit-on,
Les coups de bâton
Tombent comme la grêle.

Nous voyons plus d'un novateur
Soit disant philosophe,
Fou, socialiste ou rhéteur
De la plus mince étoffe :
Ces grands citoyens
Ont mille moyens
D'ouvrir l'ère nouvelle,
Et tout leur fatras
Sur la France, hélas !
Tombe comme la grêle.

Certain Esculape, ici bas,
Pour mieux gagner sa vie,
Souhaite aux sujets délicats
Toux, fièvre et pleurésie.
Grand Dieu, quelle horreur !
Quoique procureur,
J'ai l'âme moins cruelle :
Faites qu'au Palais
Cent mille procès
Tombent comme la grêle !

Le soldat Français est connu
Pour servir sa patrie,
Heureux quand il est revenu
Du fond de l'Algérie,

S'il ne fallait pas,
Dans d'autres combats
Se battre de plus belle :
Sur tous nos troupiers
Balles et lauriers
Tombent comme la grêle.

Ceux qui d'écouter mes couplets
Auront la patience,
Diront : celui qui les a faits
Manquait d'expérience.
Ne sait-il donc point,
Hélas ! qu'en tout point,
Sa voix est par trop grêle,
Et que tous ses vers,
A tort, à travers,
Tombent comme la grêle !

LAGARDE,
Membre titulaire.

LA GRÊLE NE VAUT RIEN.

Air : *Voulez-vous savoir l'histoire.*

Amis, j'voudrais bien qu'on m'dise
A quoi qu' la grêl' sert ?
Ça m' paraît un' gross' bétise
Du ciel ou d' l'enfer.
Ell'fait des malheurs insignes
Et pas l'moindre bien ;
Ell' n' sait qu'abîmer nos vignes :
La grêl' ne vaut rien.

Ell' renverse, elle massacre
Nos blés les plus beaux ;
Ell' fait glisser les ch'vaux d'fiacre
Et cass' nos carreaux ;
Elle empêch' les fruits d'éclore
Quand le printemps vient ;
Ell' désol' l'empir' de Flore :
La grêl' ne vaut rien.

Si j' m'envais à la campagne
Par un beau soleil,
Soudain, v'là l'orag' qui m'gagne,
Orag' sans pareil!
D' m'abriter contr' la tempête
Je cherch' le moyen,
Et j'sens la grêl' sur ma tête:
La grêl' ne vaut rien.

A l'Assemblé' Nationale
Il pleut des discours:
Y en a d'aucuns qu' ça régale,
Moi, ça m' vex' toujours.
Un orateur, d'un' voix grêle,
Fait l' grand citoyen;
Ses parol's tomb'nt comm' la grêle:
La grêl' ne vaut rien.

Pour frapper l' vin, si la glace
Un jour nous manquait,
Il s' peut qu' la grêl' la remplace
Dans un gai banquet.
L'eau g'lée est, dit-on, tonique,
Mais moi, nom d'un chien!
J' trouv' que ça m' donn' la colique:
La grêl' ne vaut rien.

J' connais plus d'un personnage,
Dont l' front mutilé
Vous tient à peu près c' langage :
J' suis par trop grêlé !
Vous voyez sur sa figure
Des trous d' biscayen :
C'tit-là peut crier, je vous jure :
La grêl' ne vaut rien.

Certe, on ne manqu'ra pas d' dire
Que de cett' chanson
L'auteur est un poèt' pour rire,
Je n' vous dis pas non.
A chaqu' couplet d' ma bluette,
C'est l' cas, j'en convien,
Que chacun de vous répète :
La grêl' ne vaut rien.

J. LAGARDE,
membre titulaire.

A BAS LA GRÊLE !

POT-POURRI.

AIR : *Montagne.*

La grêle
La grêle,
A bas ce fléau destructeur !
J'appelle
Sur elle,
Un Dieu vengeur.

De nos jours on voit sur la terre,
Et l'épidémie et la guerre,
L'ambition, la soif de l'or,
Les rouges au fougueux essor,
Faut-il avoir encor :

La grêle ?
La grêle !
A bas, etc.

AIR : *Des Fraises.*

Jardinier, ne vois-tu pas
Qu' ta récolte si belle
Va périr... car, tout là bas,
Un nuag' t'apporte, hélas!
La grêle. (*ter.*)

AIR : *Du pas redoublé.*

Un jour d'émeute, les gamins
Qui parcourent la ville,
Tout en criant arment leurs mains
De certain projectile;
Ils lanc'nt aux malheureux badauds
Des blessur' meurtrières,
En faisant pleuvoir sur leur dos,
Une grêle.... de pierres.

AIR : *Du gros Thomas.*

Moi, je n'aime point
Me boxer comme en Angleterre;
Un' grêle de coups d' poing,
Ça n'est pas du tont mon affaire.
La grêl' dans tous les temps,
Ne fait qu' des mécontents ;
Sous quelque form' qu'elle paraisse,
Elle vous frappe, elle vous blesse :

Je vous disais bien,
Qu'ell' ne vaut jamais rien.

AIR : *De la Catacoua.*

La grêl' ne vaut rien, je l' répète,
Je l' répét'rai jusqu'à demain.
J'aurais pu, si j'étais bon poète,
Fair' un' bonn' chanson sur ce r'frain ;
Mais il est des fléaux sur terre
Qui font plus d' mal que celui-là ;
Chacun cit'ra
Le choléra,
Le socialism' la fièvre et cœtera :
De bon vin qu'on rempliss' son verre,
Et de la grêle on se rira.

AIR : *Du curé de Pomponne.*

Pour nous donner quelque repos,
Ciel, entends ma prière :
Puiss' tu foudroyer les héros
Dont la MONTAGNE est si fière!
Ces enn'mis
Du pays,
C'est bien pis
Que la grêle sur terre.

J. LAGARDE.
Membre titulaire.

LE TOURBILLON.

AIR : *De l'Anonyme.*

Je ne suis pas *météorologiste*,
Et cependant, amis, vous m'apprenez
Qu'il me faudra rimer, à l'improviste,
Sur certain vent qui me coupe le nez :
Au lieu du mot qui m'écheoit en partage,
J'aimerais mieux chanter le cotillon ;
Vous le voulez, je fais tête à l'orage,
Et je me lance au sein du tourbillon.

Le tourbillon est un être fantasque,
Dont le nom seul donne le vertigo ;
Pour définir cette folle bourrasque
Je ne suis pas un petit Arago.
Newton, en vain, fouillant la mappemonde,
De la science a creusé le sillon ;
Voltaire, enfin a pensé que le monde
N'était, au fait, qu'un vaste tourbillon.

Lise en chantant, chaque matin, arrose
Les fleurs que fait éclore le printems,
Elle cultive, en secret, une rose
Qu'elle a placée à l'abri des autans.
Souffle d'amour renverse la fillette
Et lui ravit son joli corbillon...
Adieu chanson, espérance et fleurette !
Rien ne résiste au fougueux tourbillon.

Un amateur, au fraternel langage,
M'a proposé d'être communs en bien :
Comment, plus tard, faire un juste partage,
Quand l'un mit tout, et l'autre ne mit rien ?
Mais pardonnons leur folle r êverie
A ces esprits aveugles et brouillons ;
Puisse à jamais leur vaine théorie
S'évanouir en vides tourbillons ?

Du météore, entraîné dans la course,
Je ne vois pas d'où le vent peut venir,
Sans m'en douter, je me trouve à la Bourse,
Et ne sait plus, ma foi. que devenir :
On me disait (du lieu c'est le langage),
Que main joueur y bût plus d'un *bouillon ;*
Je fuis, et viens manger votre potage,
Pour échapper à ce noir tourbillon.

Buvons, amis, et qu'un peu de folie
Ramène enfin, les plaisirs, les beaux jours ;
Qu'à nos refrains la gaîté se rallie,
Du mauvais temps pour alléger le cours !
Que d'un vin vieux la liqueur parfumée
Sur notre teint jette un doux vermillon,
Que les chagrins s'envolent en fumée
Et notre vie en joyeux tourbillon !

DE COURCHANT,
Membre honoraire.

L'AVALANCHE.

Air : *Un homme pour faire un tableau.*

Amis, il est des *mots* heureux,
Que, par fois, le sort nous décerne ;
Mais l'aveugle malencontreux,
Aujourd'hui, me vêxe et me berne.
Néanmoins, riant de ses coups,
Et plaçant mon poing sur la hanche,
Je m'éxécute, et devant vous,
Je vais avaler l'*avalanche*. (*bis.*)

A ce mot fatal, je vous vois
Frémir d'horreur et d'épouvante :
Sur cent chaumières aux abois,
Va fondre une masse roulante.
Elle passe... tout disparaît !...
Mais un bon moine à barbe blanche,
Avec son chien fidèle, est prêt
A s'élancer vers l'*avalanche*.

Portons vite notre regard
Sur un tableau moins dramatique :

A l'Opéra le grand Musard
Agite son bâton magique.
Grâce à main galop infernal,
On entend craquer chaque planche,
Et la foule, à la fin du bal,
S'écoule... comme une *avalanche*.

Notre dernier Gouvernement
A mérité plus d'un reproche,
Il tirait, presque à tout moment.
Une croix d'honnenr de sa poche.
Ne pouvant vous la mettre au cœur,
Il vous l'aurait mise à la manche...
Il fallait avoir du bonheur
Pour échapper à l'*avalanche*.

Quand un de nos représentants
Arrive enfin au ministère,
Ses amis des départements
Se disent : « oh ! la bonne affaire !... »
Ils volent en poste à Paris
Avec leur chapeau du dimanche :
Que de placets écrits, remis !...
Dans les bureaux, quelle *avalanche!*

Un soir, non loin de l'Odéon,
Je suivais une étroite rue,

Plongé dans la réflexion,
Sur le pavé fixant ma vue.
Une fenêtre s'ouvre, hélas !
Sur ma tête un vase s'épanche...
Je fus trempé du haut en bas,
Je reçus en plein l'*avalanche*.

Restez, restez dans vos marais,
Cosaques, dont on nous menace.
Sachez qu'il n'est pas un français
Qui ne vous fit encor la chasse.
De notre bien-aimé pays,
Non, vous n'aurez pas une tranche...
Vous nous trouverez tous unis,
Pour repousser votre *avalanche*.

Comme une avalanche en fureur,
La mort ravage cette terre.
A son effet dévastateur,
Nul de nous ne peut se soustraire.
On a beau faire ses efforts,
S'accrocher à la moindre branche :
Petits et grands, faibles et forts,
Sont emportés par l'*avalanche*.

A. DE BERRUYER.
Membre honoraire.

L'AÉROLITHE,

OU PIERRE DE L'AIR,

AIR *de la Famille de l'Apothicaire.*

Je suis une fille de l'air,
D'une origine peu certaine ;
Je nais et pars comme l'éclair,
En prenant ma course lointaine.
Silex et pyrite à la fois,
Voilà mes substances connues ;
Et sur la terre quand je chois,
Je vous semble tomber des nues.

Des plaines de l'immensité
Mystérieuse passagère,
D'un astre à la faible clarté
On me croit une messagère.
Des cieux qui m'étaient dévolus,
Lorsque sur vos foyers je tombe,
Les lunariens, fort gais élus,
Disent : mortels, gare la bombe !

Je ris de voir maints potentats,
De ce bas monde fiers esclaves,
Qui, pour agrandir leurs états,
De leur courroux lancent les laves.
En vain leur pouvoir absorbant
De subterfuges s'autorise ;
Ainsi que mon corps en tombant,
Leur vieux sceptre éclate et se brise.

Des fous que la terre a nourris
La Lune conserve les phioles,
Et de mille Astolphes chéris
Elle aime aussi les cabrioles.
Français, tandis qu'à vos regards
S'amassent leurs rouges trophées,
Des lunatiques montagnards
La Lune attend les coryphées.

Compagne des sylphes errants
Qui servent d'escorte aux bolides (1),
Aux météores différents
J'oppose mes formes solides.
Tel à ses esprits vaporeux
Dont au hasard l'essaim voyage,

(1) Météores lumineux.

Le sage oppose un souffle heureux,
Les balayant comme un nuage.

Des climats où je vis le jour
Les habitants sont débonnaires;
Et ceux du terrestre séjour
Enviraient les plaisirs lunaires.
Mais bien qu'humaine en mes penchants,
Je voudrais, comme la tempête,
Fondre ici-bas sur les méchants,
Afin de leur plomber la tête.

Le sort a peu favorisé
Ma fugitive destinée :
Dans sa chute, mon corps brisé
Ainsi termine sa journée.
Mortels, ne soyez point jaloux
D'une si fragile carrière;
Et quand je tombe parmi vous,
N'allez pas me jeter la pierre.

ALBERT-MONTÉMONT,
membre titulaire.

LES BONS ET LES MAUVAIS AÉROLITHES.

Air : *Tu ne vois pas, jeune imprudent.*

L'autre jour, à l'angle d'un bois,
En égarant ma rêverie,
Du milieu des airs j'aperçois
Un corps tomber dans la prairie.
Je m'avance pour m'enquérir
Du singulier cosmopolite.
Et ce que j'allais découvrir
N'était qu'un simple aérolithe.

Il est un pays, vrai trésor,
Où, manne aux humains départie,
L'alouette au rapide essor
Tombe du ciel toute rôtie :
C'est Cocagne ! En songeant à ceux
De qui la vigueur périclite,
Je me dis : de ces paresseux
L'allouette est l'aérolithe.

Dans sa promenade du soir,
A travers les Champs-Elysées,
Hier un piéton va s'asseoir
Sur un banc, les jambes croisées.
Un voleur lui fait sur le chef
Un renfoncement insolite ;
Le promeneur, en son méchef,
Dit : au diable l'aérolithe !

Vous avez vu cet Harpagon,
Toujours altéré de pécune,
Qui, chez lui, comme un vrai dragon,
Tourmentait chacun et chacune.
Au Dieu suprême tout-à-coup
Il rend son âme israëlite :
A son fils, héritier du coup,
Tombe ce riche aérolithe.

Jeune écrivain, ambitieux
Des bravos conquis au théâtre,
Tu veux dérouler à nos yeux
Les actes d'un drame marâtre.
Lorsqu'en ce drame tu te plais,
Du parterre gronde l'élite ;
Sur toi la grêle des sifflets
Tombe ainsi qu'un aérolithe.

Rappelez-vous, cher auditeur,
Ces deux amis de Lafontaine
Qui, sans rivaux, comme l'auteur,
Brûlaient d'une ardeur puritaine.
Il est un autre ami : c'est l'ours,
Intrépide comme un vélite,
Qui pour nous donner du secours,
Nous décoche un aérolithe.

Après avoir du tapis-vert
Passé sur les bords du pactole,
Certain joueur, à découvert,
Rêvait toujours un Capitole.
Pour tenter la fortune, il sort
Et tombe atteint d'une faillite.
Il s'écrie, à ce coup du sort :
Que maudit soit l'aérolithe !

Elise encore à son printemps,
Rebelle aux faveurs d'hyménée,
D'un amoureux depuis longtemps
Séchait l'âme ainsi promenée.
Au lit pendant qu'elle rêvait,
Par la fenêtre, un Hippolyte,
Vers minuit, tombe à son chevet :
Quel bienheureux aérolithe !

De la gaîté nous vrais soutiens,
Qu'un même sentiment rallie,
Qu'en nos bachiques entretiens
Eclate une aimable folie ;
Qu'à table, au bruit des chants féconds
Qui nous feront des prosélytes,
De vin nous tombent des flacons,
En manière d'aérolithe !

ALBERT-MONTÉMONT,
membre titulaire.

LA BRISE.

Air : *Un homme, pour faire un tableau.*

Sur la terre chacun des vents
Exerce une grande influence ;
Les uns sont pour nous bienfaisants,
D'autres apportent la souffrance.
Du midi j'évite l'ardeur,
Je tremble quand siffle la bise ;
Et je sens rajeunir mon cœur,
Au souffle enivrant de la brise.

Vers des sentiments généreux
Ce bon petit vent nous entraîne ;
Et dans nos combats amoureux,
Il nous soutient de son haleine.
Fi ! de l'amour dans un boudoir,
Au coin d'un feu que l'on attise ;
Il est plus doux par un beau soir,
Au souffle enivrant de la brise.

Auprès de sa tendre moitié,
Sous les feux de la canicule,

Malgré toute son amitié,
Plus d'un époux souvent recule.
Mais pour venger son déshonneur,
Le soir, agréable surprise !
Il sent renaître sa vigueur,
Au souffle enivrant de la brise.

Virgile, en excusant Didon,
Prétend que ce fut un orage,
Qui lui fit perdre la raison
Au fond d'une grotte sauvage.
Grâce à l'amour qui l'obsédait
Pour le fils valeureux d'Anchise;
Moi, je soutiens qu'elle cédait
Au souffle enivrant de la brise.

Jamais je ne fus matelot,
Et cependant je peux sans peine
Louvoyer avec un canot
Le long des rives de la Seine.
Ramer seul a peu d'agrément,
Mais quand je suis avec ma Lise,
Je godille fort gentiment
Au souffle enivrant de la brise.

Pour fêter un joyeux repas,
Et pour trouver tout délectable,

Je crois, amis, qu'il ne faut pas
Etre mal à son aise à table !
Trop de froid nuit à la gaîté :
La chaleur bien vite nous grise,
Et l'on boit avec volupté
Au souffle enivrant de la brise.

Aux fureurs des sombres autans,
Aux coups redoublés de l'orage,
Notre pays, depuis deux ans,
A vu s'épuiser son courage. . .
Si nous voulons trouver un port,
Il est temps que Dieu nous conduise
Et dissipe les vents du Nord
Au souffle enivrant de la brise.

D'un mot donné par le hasard,
Tirant un parti détestable ;
J'ai rimé sans goût et sans art :
La chose n'est pas contestable.
Mais aux nourrissons du Caveau
Votre bienveillance est acquise ;
Ranimez d'un léger bravo
Le souffle expirant de ma brise.

Stéphen DUPLAN,
membre associé.

LE VENT.

Air : *Les anguilles* (Mazaniello).

Sur le mot qu'il faut que je chante
Huit jours en vain j'ai fredonné :
C'est quelquefois chose étonnante,
Le mal que donne... un mot donné !
Rien n'échauffait ma pauvre veine,
Et, malgré mon désir fervent,
J'ai bien craint de manquer d'haleine...
Au moment de chanter le vent.

De ce mot enfin qui m'inspire,
Je me déclare satisfait ;
Car, je ne sais comment le dire...
Je me sens plein de mon sujet !
Et, doux souvenir qui m'enchante,
Sans être indiscret, j'ai souvent
Vu plus d'une chose charmante
A la faveur d'un coup de vent.

Grands tribuns, courtisans habiles,
Qui, jusqu'au pouvoir arrivant,

Avez, dans vos ardeurs serviles,
Salué tout soleil levant ;
Et vous, séduisantes coquettes,
Syrènes à l'œil décevant,
Vous n'êtes que des girouettes
Que l'on voit tourner à tout vent.

Le choléra, chacun l'assure,
Dans le vent a ses éléments,
Et l'on dit qu'il faut tant qu'il dure
Se nourrir de mets excitants :
D'après ces lois hygiéniques,
Amis, usons dorénavant
De *mets d'ail* et de *plats toniques*...
Pour conjurer ce mauvais vent.

Un jour, voyant avec Pauline
Les tours d'un jongleur ambulant,
On lui pince... ça se devine,
Et l'on me pince mon argent !
Pour éviter ces anicroches
Ayons l'œil de *Considerant*
Sur nos femmes et sur nos poches...
Près des artistes en plein vent.

Dans tous nos débats politiques,
A part quelque nobles accents,

Combien de discours emphatiques !
Que de grands mots vides de sens !
Premiers-Paris de journalistes,
Découverte de maint savant,
Programme de socialistes...
Tout ça ne contient que du vent.

Dans le cœur de gente lorette
Vonlant éclipser mes rivaux,
Une heure entière en sa retraite
Je l'étonnai par mes travaux !
Mais bientôt ma valeur expire
Et puis le sommeil arrivant,
J'entendis la belle se dire :
Petite pluie abat grand vent.

Amant de folle ritournelle
Trouvè-je un sujet qui me plaît,
Je creuse en tout sens ma cervelle
Pour tourner quelque gai couplet ;
Mais à tort des muses coquettes
Je suis le zélé desservant ;
Car mes vers et mes chansonnettes...
Autant en emporte le vent.

POINCLOUD,
Membre titulaire.

L'ECLAIR.

AIR : *Du Vaudeville du dîner de Madelon.*

L'éclair !... pardonnez de grâce ;
Mais, à mon corps défendant,
Amis, je regarde en face
Ce sujet éblouissant...
Moi, qui me mets en prière,
En récitant cinq *Pater*,
Et qui ferme la paupière,
Dès que je vois un éclair !...

Parlez-moi de Diogène !
Piron, son historien,
Nous dit qu'il était sans gêne,
Et ne s'effrayait de rien.
Il osait faire à la ronde,
Publiquement, et l'air fier,
Des choses de l'autre monde,
Malgré la foudre et l'éclair.

Au festin, où l'on vit luire
Trois mots en lettres de feu,
Balthazar croyait y lire
Ce juron : « Tonnerr' de Dieu ! »
Pauvre homme ! en vidant sa coupe,
Précipité dans l'enfer,
Ah ! dit-il, ça me la coupe !
Je file comme un éclair !

Le plaisir, sur cette terre,
Nous est donné par les dieux :
S'il était moins éphémère,
Ils l'auraient gardé pour eux.
Pour le saisir, notre espèce
S'agite, est toujours en l'air ;
Mais en nous tout est faiblesse,
Le plaisir n'est qu'un éclair !

Au Peuple, sur la Montagne,
L'Homme-Dieu veut-il parler ?
La sagesse l'accompagne ;
Il éclaire, sans brûler.
Chez nos apôtres modernes
On trouve un langage amer,
Des doctrines peu paternes,
De raison... pas un éclair !

Si vous voulez qu'une belle
Condescende à votre ardeur,
Ne l'appelez pas cruelle,
Mais intéressez son cœur.
Au feu de votre éloquence
Elle s'anime... il est clair
Qu'arrive la récompense :
Car ses yeux lancent l'éclair.

L'horizon parlementaire
A vu, chez nous, récemment,
Briller un foudre de guerre,...
C'était Jupiter Tonnant !
Faut-il entrer en campagne ?
Oh ! le susdit Jupiter
N'est plus un Tranche-Montagne...
Zeste, il part comme l'éclair !

De l'éclair, pendant l'automne,
Bien moins vive est la lueur ;
Apparaît-il sans qu'il tonne,
C'est un éclair de chaleur.
Hymen, dans ton atmosphère,
Hélas ! semblable à l'hiver,
Le chaud ne pènètre guère,
Si ce n'est comme un éclair.

Béranger, chez son grand'père,
Frappé par le feu du ciel,
Sans doute, au Dieu du Tonnerre
Dut son génie immortel.
Amis, on peut nous en croire,
Ce maître, qui nous est cher,
N'est pas de ceux dont la gloire
Passera comme un éclair.

C. FOURNIER.
Membre titulaire.

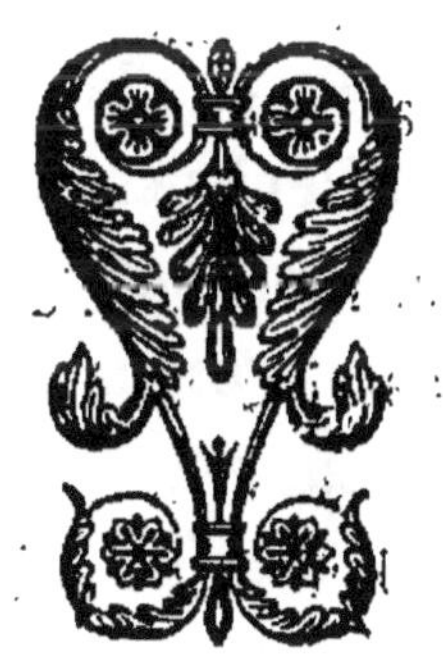

L'ORAGE.

AIR : *Giroflée au printemps, etc.*

Au milieu d'un ciel pur
Naît un sombre nuage.
Laissons passer l'orage,
Nous reverrons l'azur.

L'abeille fuit la fleur mouillée,
L'oiseau qui jouait dans les airs
Cherche un abri sous la feuillée,
Et suspend ses joyeux concerts.
Au loin tourbillonne la poudre,
Sous le vent, l'épi s'est penché,
Les bruyants éclats de la foudre
Chassent maint couple effarouché.
Au milieu, etc,

Trouble éloquent de la nature !
C'est ainsi qu'en notre printems
Au zéphir, à son doux murmure,
Succède la voix des autans.

Le cœur, qui lui-même s'ignore,
S'offre, insoucieux du danger,
A l'amour, brûlant météore,
Dont les feux vont le ravager.
Au milieu, etc.

Bientôt une double existence
Nous fait connaître d'autres cieux.
S'ils ont aussi leur inclémence,
Que de moments délicieux !
De l'hymen le sol se ressuie
Au souffle heureux de la raison,
Et même dans un jour de pluie
Le soleil luit à l'horizon.
Au milieu, etc.

Mais l'amour passe... et l'âge apporte
A l'homme une nouvelle ardeur,
C'est l'ambition qui l'emporte
Loin des chemins du vrai bonheur :
Vieilli du cœur et de la tête,
Trahi par le sort sans pitié,
Il est heureux si la tempête
Le jette au port de l'amitié.
Au milieu, etc.

Moralistes, quand le vent change
L'atmosphère en mois d'un instant,
Pouvez-vous bien trouver étrange
Qu'en mes goûts je sois inconstant ?
J'avais promis que la sagesse
Servirait de règle au désir.
Un mois, j'ai tenu ma promesse,
Soudain, le vent tourne au plaisir.
Au milieu, etc.

Sous les ombrages, loin du monde,
Bien doux est le bruit des chansons.
Mais l'éclair luit, la foudre gronde...
Alerte, amis ! disparaissons !
Quand la folle gaîté me verse
Le nectar fumeux du dessert,
Pour lui je redoute l'averse,
Je veux le sabler à couvert.

Au milieu d'un ciel pur
Naît un sombre nuage.
Laissons passer l'orage,
Nous reverrons l'azur.

J. Barbier,
Membre associé.

L'ARC-EN-CIEL,

AIR : *La Charité conduit l'âme au salut.*

L'Eclair a lui, la foudre continue,
Les éléments semblent se déchaîner ;
Mais le soleil paraît et sur la nue
Un arc-en-ciel vient de se dessiner.
D'un ciel plus pur c'est l'aimable présage ;
Que ne vient-il aussi nous annoncer
Que bien des maux ici bas vont cesser,
Que sa présence en est encor le gage !

Qu'un arc-en-ciel aux riantes couleurs
Soit le signal de jours enfin meilleurs !

Quand la tempête a déchiré sa voile,
Triste est le sort du courageux pêcheur ;
Mais dès qu'au ciel il revoit une étoile,
Vite il oublie et péril et labeur.
Tous les mortels, dans le cours de leur vie,
Ont bien souvent un semblable destin ,

Heureux si même un augure incertain
A l'espérance un instant les convie.
Qu'un arc-en-ciel, etc.

Vient-il prédire à l'Europe vieillie,
Pour chaque peuple, un bon gouvernement
Qui, d'un pas sûr, mais craignant l'utopie,
Vers le progrès marchera sagement ?
Nous apprend-il qu'un noble feu s'empare
De ces rêveurs que l'orgueil fait agir ?
Divin flambeau, nous fera-t-il sortir
De ce dédale où le siècle s'égare ?
Qu'un arc-en-ciel, etc.

Les artisans de la démagogie,
Donnant essor à d'odieux projets,
Voulaient créer au sein de l'anarchie
Des droits nouveaux par de sanglants excès ;
Mais du bon sens l'impérissable flamme,
En relevant un généreux drapeau,
De la terreur repousse le lambeau :
La Liberté garde son oriflamme.
Qu'un arc-en-ciel, etc,

Quand parmi nous l'horrible épidémie
Allait partout, redoublant ses fureurs,

Les feux ardents d'un soleil d'Arabie
Semblait encore accroître nos douleurs !
Le ciel enfin se couvre de nuages,
L'air rafraîchi reprend sa pureté,
L'arc-en-ciel brille et l'électricité
A ranimé nos cœurs et nos visages.
Qu'un arc-en-ciel, etc.

Ces deux amants s'aimaient avec délire,
Mais la froideur naît souvent d'un soupçon ;
Quand la tempête exerçait son empire
L'orage aussi grondait à la maison ;
Un arc-en-ciel soudain vient de paraître,
Son prisme au bois a su les appeler,
Et la rancune est prompte à s'envoler
Quand de deux cœurs l'amour est resté maître.
Qu'un arc-en-ciel, etc.

Peut-être, amis, annonce-t-il au monde
Que de bons vins nous ne chômerons pas ;
Que de nos blés la gerbe sera blonde,
Que fleurs et fruits naîtront loin des frimats ;
Qu'il dise encor, complètant son augure,
Que, réunis dans un ardent amour,
Tous les humains jouiront tour-à-tour
De ces trésors offerts par la nature.
Qu'un arc-en-ciel, etc.

Petits enfants qui jouez dans la plaine,
Ce météore est muet à vos yeux ;
Pas n'est besoin d'un pareil phénomène
Pour vous montrer l'avenir plus joyeux.
Le temps aura glacé notre courage
Quand vous serez intelligents et forts.
Mieux éclairés, ah ! n'allez pas alors
Recommencer les luttes de notre âge.
  Qu'un arc-en-ciel, etc.

Si j'ai chanté, c'est que vers l'espérance
Un arc-en-ciel dirigeait ma raison ;
J'ai su par lui d'une vive souffrance
Quelques instants détourner le poison.
Que vos couplets, bienfaisante auréole,
En rayonnant comme un arc lumineux,
Viennent apprendre aux esprits soucieux
Qu'avec des chants de tout on se console !

Qu'un arc-en-ciel aux riantes couleurs
Soit le signal de jours enfin meilleurs.

Auguste Giraud.
Membre titulaire.

LE MIRAGE.

AIR *de la Treille de sincérité*.

Pour notre banquet de famille,
Je comptais sur un mot heureux,
Quand un mirage à mes yeux brille
Et vient alors trahir mes vœux,
Par son aspect fallacieux.
C'est ainsi que rempli d'ivresse,
Dans de beaux rêves transporté,
L'homme cherchant joie et richesse,
Trouve tristesse et pauvreté !
Tout est mirage dans ce monde
Qui, bercé par les passions,
Surabonde
En déceptions.

Un jeune étranger, sur la scène,
Voit la chanteuse Lycoris ;
Bientôt séduit par la syrène,
Il donne, éperdûment épris,
Son cœur, sa bourse et son logis ;

Et le soir même en sa retraite,
Il obtint tout sans nul refus ;
Le lendemain, de sa conquête
La laideur le rendit confus.
Tout est mirage, etc.

Nos républicains d'avant-veille,
Marchant sur un terrain sans fond,
Offrent, au lieu d'une merveille,
De misère un gouffre profond,
Où tout se perd et se confond ;
Car leur ardent socialisme,
Sous le nom de fraternité,
N'est qu'un mirage et qu'un sophisme
Égarant la crédulité.
Tout est mirage, etc.

Voyez-vous cette jeune fille
Sur vous n'osant lever les yeux ?
Dans tous ses traits la douceur brille,
Elle promet de rendre heureux
L'époux qui comblera ses vœux.
Six mois après le mariage,
Son rôle change tout-à-coup ;
C'est un démon dans le ménage :
Le mouton est devenu loup.
Tout est mirage, etc.

Un Manlius au Capitole
Par un vain peuple fut porté;
On applaudit à sa parole,
Car il parlait d'égalité,
Mot si trompeur et trop vanté.
Tout près d'un honneur éphémère,
Il trouve un cruel châtiment.
Fuyons la faveur populaire :
C'est le mirage d'un moment.
  Tout est mirage, etc.

Au temps des dernières vendanges,
De mon toit je quittai le seuil,
Afin d'admirer les phalanges
De ceps vineux brillants à l'œil
Dans les environs d'Argenteuil.
Puis, à la prochaine buvette,
Je courus, pour boire à l'écart;
On me servit de la piquette,
Quand je comptais sur du nectar.
  Tout est mirage, etc.

J'ai payé la dette annuelle,
Puisque le sort a commandé ;
Hélas! mon œuvre n'est pas belle,
Mon luth est tout désaccordé,
Et je me trouve débordé.

Pourtant, faut-il qu'on se contente,
Si j'ai mal rempli mon objet ;
Puisqu'ayant trompé votre attente,
Je suis encor dans mon sujet.
Tout est mirage dans ce monde
Qui, bercé par les passions,
Surabonde
En déceptions.

CHARTREY,
Membre titulaire.

LE MÉTÉORE.

AIR *de la Nostalgie*.

Le ciel en feu menace notre terre,
La foudre éclate et redouble ses coups,
Le firmament n'est plus qu'une rivière
Qui dès demain peut nous inonder tous.
Que nous importe ! épuisons notre amphore,
Vins généreux, entretiens, long amour ;
Et l'ouragan n'est qu'un beau météore
Qui brille au soir et pâlit au grand jour ! *(bis)*.

Ne craignons pas de tristes catastrophes ;
Le ciel pour nous sera moins périlleux
Que ces rêveurs, soit-disant philosophes,
Qui dans le fond ne sont que vaniteux.
Si le vulgaire un instant les honore,
A ses dédains il les livre à son tour,
Et leur triomphe est comme un météore
Qui brille au soir et pâlit au grand jour !

Voyez de loin, se cachant sous le voile,
Cette coquette en son boudoir obscur,
Son œil scintille, et vous semble une étoile
Qui resplendit au sein d'un ciel d'azur.
Courez, courez, jeunes fous que dévore
L'appât trompeur d'un dangereux amour :
Plus d'une femme est comme un météore
Qui brille au soir et pâlit au grand jour !

Jeune poète, en ton heureux délire,
Tu donnes cours à tes nobles accents;
Fier de penser que chacun va te lire,
Un doux émoi vient enivrer tes sens.
A ton erreur tu voudrais croire encore,
Mais la critique est un cruel vautour,
Et l'espérance est comme un météore
Qui brille au soir et pâlit au grand jour !

Dans les salons, ce beau traîneur de sabre,
Qui va partout affichant un grand cœur,
Qui, pour un mot, et s'emporte et se cabre,
Veut qu'on lui croie une haute valeur.
Sur le terrain poussez ce matamore,
Et vous verrez, par un subit retour,
Que son courage est comme un météore
Qui brille au soir et pâlit au grand jour !

Quittons les cieux et revenons sur terre :
Le positif a bien son agrément ;
Laissons en paix tempêter le tonnerre,
Tomber la pluie et murmurer le vent.
Un bon dîner que gaîment l'on dévore
Quand il nous met l'abdomen en tambour,
Ce qui s'en suit n'est plus un météore
Qui brille au soir et pâlit au grand jour !

Alp. TOIRAC,
membre associé.

LA COMÈTE.

AIR : *Et voilà comme tout s'arrange.*

Amis, si je voulais parler,
Du haut de mon observatoire,
Des étoiles qu'on voit filer,
Ce serait une longue histoire.
J'ai vu des hautes régions
S'éclipser plus d'une planète,
Des astres à mille rayons :
Ce ne sont là que des lampions,
Quand on regarde la comète,

A son corps chevelu, brillant,
Se joint une queue incendiaire,
Au lieu de l'objet vacillant
Que possède un être vulgaire.
Au moindre choc, par ses éclats,
Et par le feu qu'elle projète,
Elle pourrait, dans ses ébats,
Embrâser le monde ici-bas :
A genoux devant la comète.

Le difficile est de pouvoir
Etudier le phénomène
Qu'on est des siècles sans revoir
Quand loin de nous il se promène
On trouve encor d'épais cheveux,
De la barbe inculte et peu nette,
Fixés sur des corps nébuleux,
Mais point de rayons lumineux !
Où donc observer la comète ?

Je pourrais vous indiquer où,
Si vous promettiez d'être sages,
Il faut, sans en devenir fou,
Admirer de gentils corsages.
Voyez, galamment ordonné,
Parant le cou de la fillette,
Le ruban étroit, satiné,
Qu'aucune main n'a profané ;
Ne touchez pas à la comète.

De la peur subissant les lois,
Le peuple, que l'on dit si sage,
Dans une comète autrefois
Voyait un sinistre présage;
Mais l'expérience a détruit
Cette erreur, elle était complète :

Et malgré tout le mal produit
Par l'an mil huit cent quarante-huit,
Nous n'avons pas eu de comète.

Je fus toujours trop étourdi
Pour me poser en astronome;
Je n'ai jamais approfondi
Que l'art heureux du gastronome.
Comment alors s'appesantir
Sur le grand sujet que je traite ?
Afin de ne pas en sortir
Et d'y trouver quelque plaisir,
Buvons au vin de la comète !

BORDET,
membre honoraire.

VOLCAN.

AIR : *Pas de bruit, Lubin, maman dort.*

Ma verve s'échauffe et s'allume,
Je suis sur un terrain brûlant ;
Et pourtant, en prenant la plume,
Je ne m'avance qu'en tremblant ;
La tête me tourne : J'éprouve
Un effroi bien naturel, quand
La première fois l'on se trouve
Aux prises avec un volcan.

Vieilles qui, malgré les années,
Recherchez encor le plaisir,
Et par vos grâces surannées
Pensez exciter le désir,
En vain un reste de flammèche
Jaillit de votre œil provoquant,
Vous ne trouverez pas de mèche
Pour allumer votre volcan.

Un jeune époux souvent s'escrime
Parfaitement les premiers jours,
Sa femme croit que ce régime,
Qui lui plait, durera toujours.
Bientôt, dès qu'il se couche, il bâille,
Et s'endort sans être.... éloquent ;
Car ce n'était qu'un feu de paille
Qu'elle avait pris pour un volcan.

La vieillesse n'est pas exempte
Du choc des désirs violents ;
Plus d'une passion fermente
Quelquefois sous des cheveux blancs.
Ces contrastes, dont on s'étonne,
Dans la nature sont fréquents :
C'est sous la neige que bouillonne
La lave des plus grands volcans.

Ta taille si svelte s'augmente
Et prend un peu trop d'embonpoint,
Certain malaise te tourmente,
Tu pâlis et ne manges point.
Prends y garde, charmante Adèle ;
Car si j'en crois plus d'un cancan,
Tu ne mouches pas la chandelle
Que l'amour met dans ton volcan.

Je lis dans Tacite ou Vitruve
Qu'un citoyen, fort maladroit,
Se laissa choir dans le Vésuve
En passant près de cet endroit.
On sut que c'était Empédocle,
Trois jours après, en remarquant
Sa clé, sa pipe et son binocle,
Près du cratère du volcan.

Grâces aux héros de la veille.
J'ai compris, dès le lendemain,
Qu'ils allaient s'y prendre à merveille
Pour nous mettre en mauvais chemin.
De les avoir vus à l'épreuve,
On est fâché, convenons-en ;
Car chaque jour est une preuve
Que nous sommes sur un volcan.

Louis PROTAT,
membre titulaire.

NOTA. Plusieurs mots donnés ont manqué à l'appel le jour du banquet ; ce sont : le *Tonnerre*, la *Rosée*, le *Crépuscule*, l'*Etoile-filante* et le *Feu follet*.

DÉJEUNER-DINATOIRE.

(MOT DONNÉ PAR LE PRÉSIDENT SANS LE VOULOIR.)

AIR *du Pas redoublé*,
ou : *A tous les coups l'on gagne.*

Amis, vous avez, m'a-t-on dit,
Distribué naguère
Des *mots* que doit avec esprit
Traiter chaque confrère ;
Au partage j'ai fait défaut (1),
La chose est bien notoire ;
Mais je me suis donné pour lot :
Déjeûner-dînatoire.

Ce mot, ma foi, je l'ai saisi
Dans l'aimable missive,
Où *Lagarde* (1) appelle à Passy
Du Caveau tout convive ;

(1) M. de Berruyer a chanté depuis, le mot que le sort lui avait départi. (Voir page 39.)

(1) Président du Caveau pour l'année 1849.

De nous il invite chacun,
Si j'ai bonne mémoire,
A venir prendre sa part d'un
Déjeûner-dînatoire.

Comme autrefois, nos bons aïeux,
Mettons-nous donc à table ;
A midi l'on savoure au mieux
Un repas délectable.
Maint vieil usage, hélas ! s'en va,
C'est déjà de l'histoire.
Conservons au moins celui-là :
Déjeûner-dînatoire.

Une coquette, à vos discours,
Est trop longtemps rebelle,
Tout le langage des amours
Ne produit rien sur elle.
Laissez la phrase à grand effet,
Vous aurez la vicioire,
En plaçant au bas d'un billet :
Déjeûner-dînatoire.

Au bois de Boulogne parfois,
Deux spadassins se glissent ;
Des bruyants éclats de leurs voix
Les bosquets retentissent.

Ils vont s'égorger.... mais bientôt
Frémit la rôtissoire...
On entend crier : Servez chaud !
Déjeûner-dînatoire.

Tout le jour, nos Représentants
Assiégent leur buvette ,
Et dévorent à belles dents
Poulet et côtelette.
Un tel abus, convenons-en,
Du jeu de la mâchoire,
Transforme mainte séance en
Déjeûner-dînatoire.

Au sortir de fins déjeûners,
On sait ce que nous sommes ;
C'est reconnu : *Par les dîners*
On gouverne les hommes.
A durer du matin au soir,
Toi qui mets tant de gloire,
Quel doit donc être ton pouvoir,
Déjeûner-dînatoire?

Avez-vous besoin d'un ami?...
Déjeûner-dînatoire.
Vous faut-il tromper un mari?
Déjeûner-dînatoire.

Cherchez-vous l'appui des journaux ?
Déjeûner-dînatoire.
Voulez-vous paraître un héros ?
Déjeûner-dînatoire.

Après les succulents morceaux
Que vous servit *Duchesne* (1),
Après ce franc vin de Bordeaux,
Bu... si près de Suresne ;
Vous trouverez que le démon
M'a fait l'âme bien noire,
Puisque je vous impose mon
Déjeûner-dînatoire.

A. DE BERRUYER,
membre honoraire.

(1) Restaurateur à Passy.

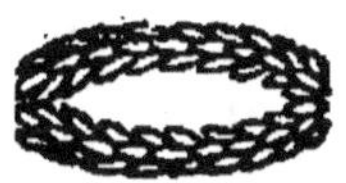

TABLE.

Pages.

ALBERT-MONTÉMONT.

L'Aérolithe.............................. 42
Les bons et les mauvais Aérolithes........... 45

BARBIER (JULES).

L'Orage.............................. 59

BORDET.

La Comète.............................. 73

BUGNOT.

Le Nuage.............................. 13

CHARTREY.

Le Mirage.............................. 66

DE BERRUYER.

L'Avalanche.............................. 39
Déjeûner dînatoire.............................. 79

DE COURCHANT.

Le Tourbillon.............................. 36

DUPLAN (STÉPHEN).

La Brise.............................. 49

FOURNIER.

L'Éclair.............................. 55

GIRAUD (AUGUSTE).

L'Arc-en-Ciel.............................. 62

Pages.

JUSTIN-CABASSOL.

La Neige........................ 23

LAGARDE (Jules).

La Grêle........................ 26
La Grêle ne vaut rien........... 30
A bas la Grêle! (pot-pourri).... 33

LESUEUR.

La Pluie........................ 20

POINCLOUD.

Le Vent......................... 52

PROTAT.

L'Aurore........................ 3
Le Volcan....................... 76

SALIN (Alphonse).

Le Brouillard................... 16

TOIRAC.

Le Météore...................... 70

VAN-CLEEMPUTTE.

La Lumière (pot-pourri)......... 8

FIN.

Typ. Appert fils et Vavasseur, pass. du Caire, 54.

LE CABARET DE CHEUX NOUS.

Paroles et Musique de MAHIET DE LA CHESNERAYE.

Au beau mi -lieu de la grand' pla - ce, Il ouvre

ses gais vo - lets verts, Et présen - te la lon-gue

fa - ce Des treilles formant ses cou - verts. Il n'a

point d'enseigne écla-tan-te, Mais son vaste dressoir relu-

- it ; Son hôtesse est jeune, a - ga - çan-te, La nappe est

blanche et le vin rit ; Tout ce - la, par chaque ouver-

- ture Aux pas-sants fait des yeux si doux Qu'il

faut en-trer, je vous le ju - re, Au vieux ca-ba-

- ret de cheux nous, Au vieux ca-ba - ret de cheux nous.

Procédés de Tantenstein *et* Cordel, 92, *r. de la Harpe.*

LE CHANVRE.

Paroles et Musique de Mahiet de la Chesneraye

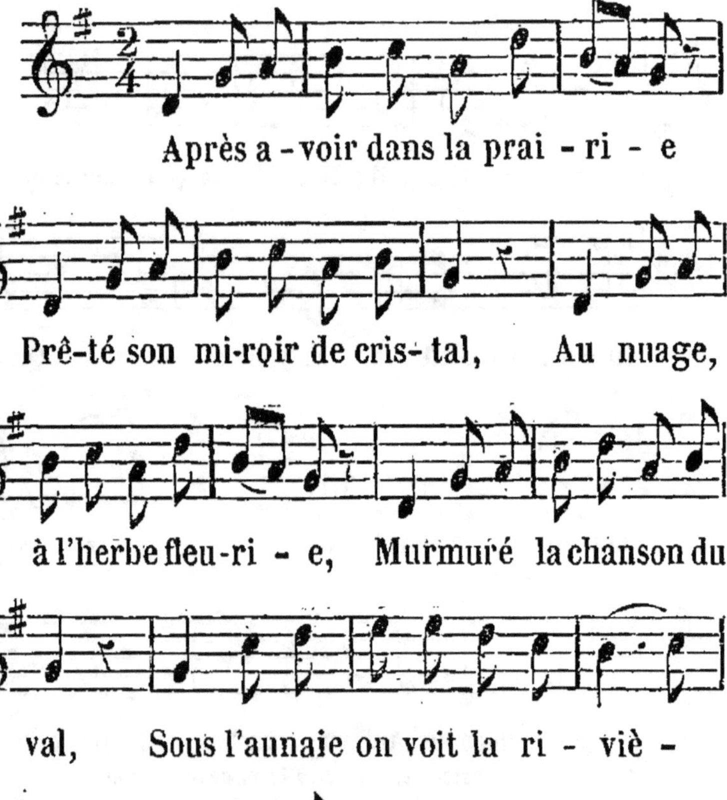

L'î - lot où l'humble chene - viè - re
Pré - pa-re ses trésors soy - eux.
Croîs, mon chanvre, que Dieu te don - ne,
En é-té l'eau qui fait fleu -rir, Et le so -
leil, aux jours d'au -tom- ne, Qui fait mû-rir!

LA NEIGE.

Paroles et Musique de Mahiet de la Chesneraye.

Du ciel la rafale enne - mi - e

Souffle la neige en flots brillants, Et la ter-

- re s'est endor-mi - e Dans ses draps blancs.

On croirait voir u-ne cza - ri - ne Lorsqu'elle

se repose ain-si, Cachant sous sa royale her-

- mi- ne Son flanc tran - si: Ter-re! Terre!
Attends, at-tends sous ton man - teau, La
brise printa- niè-re, Du renou-veau, La
brise printa -niè - re, Du renou - veau.

LA FÊTE DU PAYS.

Paroles et Musique de MAHIET DE LA CHESNERAYE.

Sur le clo-cher de notre é - gli - - se,

Au so-leil les moineaux joy - eux Lissent du

bec leur ai-le gri - se, Ou se poursuivent amou-

- reux; Sous les or-meaux de la grand' pla

- ce Monsieur le maire, en gros sa - bots,

Dans son é - charpe se prê - las - se,
Et fait ran-ger bancs et ton - neaux. Les jeunes
fil-les habil - lé - es, Pour faire la chasse aux ma-
- ris, Se sont tou - tes débarbouil - lé - es,
Car c'est la fê - te, la fê - te du pa - ys,
Car c'est la fê - te, la fê - te du pa - ys.

www.ingramcontent.com/pod-product-compliance
Lightning Source LLC
LaVergne TN
LVHW010616110826
845149LV00003B/938

* 9 7 8 2 0 1 2 7 2 7 5 9 5 *